Hippo
will ins Wasser

© 1986 by Neuer Finken-Verlag, Oberursel/Ts.
für die deutsche Ausgabe.
Aus dem Englischen übertragen von Hans Baumann.

© 1986 by Mwenye Hadithi und Adrienne Kennaway
Die englische Originalausgabe erschien unter dem Titel
HOT HIPPO bei Hodder & Stoughton, London.

Gesamtherstellung: H. Proost & Cie., Turnhout (Belgien)

ISBN 3-8084-1127-9   Best.-Nr. 1127

Hippo will ins Wasser

Eine afrikanische Geschichte
von Mwenye Hadithi
nacherzählt von
Hans Baumann
mit Bildern von
Adrienne Kennaway

Neuer Finken-Verlag, Oberursel

Glühend beneidete er die Fische im Fluß.

Wie wunderbar wär
ein Leben im Wasser!
Das war Hippos Traum.

Und er rannte und rumpelte, stapfte und humpelte, bis er zum Großen Berg kam, dem Haus des Ngai.

Ngai war Herr über alle Tiere.

Den Landtieren hatte Ngai das Land zugeteilt, den Fischen das Wasser.

Die Vögel hatten ihr Reich in der Luft,
die Ameisen ihre Gänge im Boden.

Hippos Platz war auf dem Land, wo Gras wächst.
„Laß mich leben im Fluß!" bat Hippo den Herrn der Tiere.
„Mein Futter will ich mir auf dem Lande suchen."

„Das soll ich dir glauben?" donnerte Ngai. „Mit der Zeit wirst du nur noch Fische haben wollen!"

„Auch nicht einen Fisch!" sagte Hippo.

„So sagst du jetzt!" donnerte Ngai. „Ich liebe meine Fische."

Da sagte Hippo: „Wann immer du in meinen Rachen blicken wirst – nie wird dort ein Fisch sein."

„Das Wasser werde ich aufwirbeln – und nie
wird eine Fischgräte auf den Wellen tanzen!"
„Nun gut!" donnerte Ngai.
„Tagsüber magst du leben im Fluß.
Nachts aber wirst du weiden
auf dem Land,
damit du mir nicht im Dunkeln meine
Fische wegschnappst. Einverstanden?"
„Einverstanden", sagte Hippo überglücklich.

Und er rannte den weiten Weg zurück zum Fluß.
Dort aber gab es einen RIESENPLATSCH.

Hippo ging wie ein Felsblock unter, weil er noch nicht schwimmen konnte.

Den Atem freilich konnte er sehr lang anhalten
und auf dem Grund umherspazieren.

Und Wellen wirbelte er auf mit seinem Schwanz, um Ngai zu zeigen: Nicht eine Fischgräte!

Dann und wann hob Hippo den Kopf aus dem Wasser und riß seinen ungeheuren Rachen auf: „Nun sieh doch, Ngai, Großer Ngai – nicht der kleinste Fisch!"